AF234446

Ire LISTE

OFFICIELLE

DES ÉTRANGERS

INSTALLÉS A MENTON

POUR Y PASSER

LA SAISON D'HIVER 1863 — 1864

PUBLIÉE PAR

JEAN GIORDAN, LIBRAIRE,

Rue Saint-Michel,

A MENTON.

NICE, TYP. CANIS, IMPRIMEUR DE LA PRÉFECTURE. 1863.

MENTON

(ALPES-MARITIMES).

—

HIVER 1863 — 1864.

ALLEMANDS.

M. Bock Henry et famille.	*Villa Vial.*
M. Luckcmeyer et famille.	*Villa H. Pretty.*
M. Lobenstein Hugo.	*Pension Anglaise.*
M. Kochler Charles, peintre.	*Hôtel Paradis.*
M. Knnow Edouard, docteur médecin.	*Hôtel Paradis.*
M. Securius Charles.	*Hôtel de l'Europe.*
M. Guhraner et famille.	*Pension Anglaise.*
M. Albers et famille.	*Hôtel de Londres.*
M. Mezzenich Charles et famille.	*Hôtel Paradis.*
Mme la baronne de Gaertener et famil.	*Pension Anglaise.*
Mlle la baronne de Maltzahm.	*Pension Anglaise.*
M. Muller Engelbert.	*Pension Anglaise.*
M. Versphalem Charles.	*Pension Anglaise.*
M. Borrell A.	*Pension Camous.*
M. Stöcker J.	*Pension Anglaise.*
M. Melke Gustave et famille.	*Iles Britanniques.*
M. Eltester Carl.	*Pension Anglaise.*
M. Koehl.	*Hôtel Paradis.*
M. Mertens et famille.	*Hôtel Paradis.*
M. King B.	*Hôtel Paradis.*
M. Siebbeth E.	*Hôtel Paradis.*
M. Vendhausen W.	*Hôtel Paradis.*
M. Watzen H. et famille.	*Hôtel Paradis.*
M. Mantey.	*Pension Camous.*
M. Potizyniski.	*Pension Camous.*
Mme de Pritzevitz et famille.	*Iles Britanniques.*

M. SIMON II.	*Hôtel Paradis.*
M. TROMBETTA G.	*Hôtel de la Grande-Bretagne.*
M. SCIPIO J.	*Hôtel Paradis.*
M. SCIPIO A.	*Hôtel Paradis.*
M. REISS.	*Hôtel Paradis.*
M. WALKER et famille.	*Hôtel de la Grande-Bretagne.*
M. KOENIG et famille.	*Iles Britanniques.*
M. SCHULTZ et famille.	*Iles Britanniques.*
M. PAPEMELTZ.	*Iles Britanniques.*
M. SCHNITZOPAHUN.	*Iles Britanniques.*
M. CONSBRUCH Théodore et famille.	*Villa Caponi.*
M. STREGE-EGBERT.	*Pension Anglaise.*
M. LEHMANN II. et famille.	*Hôtel Paradis.*
M. BUXTORF.	*Pension Anglaise.*
M. FRAENKELL.	*Hôtel de la Grande-Bretagne.*
M. BLANKENHORME.	*Hôtel de la Grande-Bretagne.*
Mme la comtesse ENLENBURG et famille.	*Iles Britanniques.*
Mlle de ROTKIRCH.	*Iles Britanniques.*
M. BACHMANN.	*Hôtel de Londres.*
M. STRAHL Félix.	*Pension Camous.*
M. ROTOSKY Robert.	*Pension Camous.*
M. MUNCK.	*Pension Camous.*
M. SIORDEI G. et famille.	*Grand Hôtel de la Paix.*

AMÉRICAINS.

M. MERLE-D'AUBIGNÉ.	*Hôtel Paradis.*
M. SAMSON A. G.	*Pension Anglaise.*
M. ROMANES Jones.	*Pension Danoise.*
M. BREWSTER et famille.	*Pension Anglaise.*
M. MAUDUER Joseph.	*Iles Britanniques.*
M. SANOS et famille.	*Grand hôtel d'Angleterre.*
M. WASSON et famille.	*Grand hôtel d'Angleterre.*

ANGLAIS.

M. le docteur SIORDET et famille.	*Villa Pretty.*
Mlles O'HEA.	*Maison Fontana.*
Miss STAFFORD et suite.	*Maison Henocq.*
M. HENERY et famille.	*Villa Bellevue.*
M. NEWLAND et famille.	*Maison Anfonso.*

M. Morgan (chaplain) et famille.	*Les Oliviers.*
M. Freeman et famille.	*Villa d'Adehmar.*
M. Pierce et famille.	*Pavillon Miramar.*
M. Baines (Révérend) et famille.	*Les Oliviers.*
M. Bell et famille.	*Pension Anglaise.*
M. Thickins W. et famille.	*Villa Carles.*
M. Bradshaw-Tsherwood et famille.	*Villa d'Adhemar.*
M. le docteur Price et famille.	*Villa Faraldo.*
M. King R. L. et famille.	*Villa Massa.*
M. Wilson Samuel.	*Pension Anglaise.*
M\u1d49\u02e1\u02e1\u1d49 Sparks et suite.	*Pension Anglaise.*
M. Reed et famille.	*Hôtel Paradis.*
M. Witherby et famille.	*Villa Massa.*
M. Mariott et famille.	*Villa Vial.*
M\u1d49\u02e1\u02e1\u1d49\u02e2 Orred.	*Villa Helvetia.*
M. le docteur Capper et famille.	*Villa Helvetia.*
M. Macwhiney W. John et famille.	*Pension Danoise.*
M. Borroughs et famille.	*Pension Danoise.*
M\u1d50\u1d49 Usborne.	*Villa Usborne.*
M. Balfour et famille.	*Pension Anglaise.*
M. Moggridge et famille.	*Iles Britanniques.*
M. Reed John.	*Hôtel Paradis.*
M. Waterhouse.	*Villa Helvetia.*
M\u1d49\u02e1\u02e1\u1d49 Campbell et suite.	*Maison Vial.*
M. Tyler et famille.	*Villa Massa.*
M. Montefiore et famille.	*Pension Anglaise.*
M\u1d49\u02e1\u02e1\u1d49 Davenhill.	*Pension Anglaise.*
M\u1d49\u02e1\u02e1\u1d49 Stephens.	*Pension Anglaise.*
M\u1d49\u02e1\u02e1\u1d49\u02e2 Raikes et suite.	*Pension Danoise.*
M\u1d49\u02e1\u02e1\u1d49 Miles.	*Pension Anglaise.*
M. Gordon et famille.	*Iles Britanniques.*
M\u1d50\u1d49 la baronne Windsor et suite.	*Villa des Palmiers.*
M. Jetter (Révérend) et famille.	*Maison Gastaldi.*
M\u1d49\u02e1\u02e1\u1d49\u02e2 Jarborough et famille.	*Maison Gastaldi.*
M. le docteur Bennet.	*Pension Anglaise.*
M. Worall et famille.	*Pension Anglaise.*
M\u1d49\u02e1\u02e1\u1d49\u02e2 Davies et famille.	*Pension Anglaise.*
M\u1d49\u02e1\u02e1\u1d49 Robinson et suite.	*Pension Anglaise.*
M\u1d49\u02e1\u02e1\u1d49 Malden Francis et suite.	*Pension Anglaise.*
M\u1d49\u02e1\u02e1\u1d49 Malden Agnès.	*Pension Anglaise.*
M. Sneyd et famille.	*Pavillon Maraldi.*

Mlle PALMERS et suite.	*Villa Farina.*
M. CROPP et famille.	*Pension Anglaise.*
Mlle WEBER et famille.	*Villa Clericy.*
M. WRIGHT, famille et suite.	*Les Oliviers.*
M. CRAFTON-SMITH et famille.	*Pension Anglaise.*
M. GRIEVE J.	*Iles Britanniques.*
M. SAMUEL T. et famille.	*Iles Britanniques.*
M. DURHAN et famille.	*Villa Faraldo.*
M. le major FRITH-COCAYNE et famille.	*Villa J. Amarante.*
M. RICHARDSON et famille.	*Grand hôtel du Louvre.*
M. THURLOW Edouard et famille.	*Iles Britanniques.*
M. FORSAYTH.	*Hôtel de Londres.*
Mlles FITTON.	*Hôtel de la Grande-Bretagne.*
M. ROSS KING W. et famille.	*Hôtel de Turin.*
M. le comte de HOWT et famille.	*Hôtel de Londres.*
Mlle COLVILLE, famille et suite.	*Villa Massa.*
M. DAVIDSON et famille.	*Pension Anglaise.*
Mlle MURDOCH.	*Pension Anglaise.*
M. PARR et famille.	*Maison Vial.*
Lady BROWN et suite.	*Hôtel de Londres.*
Lady LORWANT et suite.	*Hôtel de Londres.*
M. MERTEN, banquier et suite.	*Hôtel de Turin.*
M. Le HARDY (Révérend).	*Pension Anglaise.*
Mlle CLARKE.	*Pension Anglaise.*
M. SIDEBOTHOM, (Révérend).	*Grande-Bretagne.*
M. MUNRO, Robert.	*Grande-Bretagne.*
M. MUNRO, John.	*Grande-Bretagne.*
M. BARNARD, son fils et suite.	*Villa Porte-Joie.*
M. HOLFORD, W.	*Pension Anglaise.*
M. STARTEN et famille.	*Maison Barralis*
M. SCOTT MURRAY, famille et suite.	*Maison Rostagni.*
M. EVANS Édouard, (Révérend).	*Maison Willoughby.*
Mme SPEIRS.	*Villa Imberti.*
Mlle CUNNINGHAM.	*Villa Imberti.*
M. COLLET John et famille.	*Maison Marenco.*
M. LUCAS, famille et suite.	*Villa des Palmiers.*
Mme STEVENSON et suite.	*Hôtel de Londres.*
Mlle WARDEN.	*Hôtel de Londres.*
Mme FOSTERS et suite.	*Pension Anglaise.*
M. BERLEY C. H.	*Grande-Bretagne.*
M. BERLEY.	*Grande-Bretagne.*

Mlle BERLEY.	*Grande-Bretagne.*

Mlle BERLEY. — *Grande-Bretagne.*
M. BEAN H. V. — *Pension Anglaise*
M. KINNAIRD Olina. — *Hôtel de Turin.*
M. MARCH PHILIPP et famille. — *Villa Bosano.*
Mlle MOUAT. — *Grand Hôtel de la Paix.*
M. LARIN et famille. — *Grand Hôtel de la Paix.*
M. HAUGTON. — *Pension Anglaise.*
M. ELLIS et famille. — *Pension Staford.*
Mlle D'ARCY. — *Pension Staford.*
M. ATTREE. — *Pension Staford.*
M. CAMPBELL. — *Pension Staford.*
M. PHYSECH R. — *Pension Staford.*
M. PHYSECH H. — *Pension Staford.*
M. WOLLACE et famille. — *Les Grottes.*
M. STRATFIELD et famille. — *Maison Marenco.*
M. WATSON James (Révérend). — *Pension Danoise*
M. DIGGLE et famille. — *Pension Danoise.*
M. BAYLEY, famille et suite. — *Grand Hôtel d'Angleterre.*
M. DURBY, famille et suite. — *Grand Hôtel d'Angleterre.*
M. HOWLEY, famille et suite. — *Grand Hôtel d'Angleterre.*
Mlle DICK CUNINGHAM. — *Grand Hôtel d'Angleterre.*
Mme DALGLISH GRAUT et sa fille. — *Grand Hôtel d'Angleterre.*

AUTRICHIENS.

M. LOEWEINSTEIN Adolphe. — *Hôtel de Londres.*

BELGES.

Mlles DE WITTE et suite. — *Maison Gastaldi.*

FRANÇAIS.

Mme de CHAMPAGNY. — *Maison Gastaldi.*
Mme TOURREL DE LONCHAMP et famille. — *Villa Longchamp.*
Mme MICHAUD BELLEAIRE et famille. — *Maison Gena.*
M. GUILLON, peintre paysagiste. — *Maison Barralis.*
M. MOUCHOT, id. — *Maison Barralis.*
M. DELAPIERRE, past^r. vaudois et fam. — *Maison Basté.*
M. COURTOIS. — *Hôtel de la Grande-Bretagne.*
M. AUGIER, famille et suite. — *Villa Reydort.*
Mme COLIN. — *Villa Reydort.*
Mme PELLETAN. — *Maison Lorenzi.*

M. le doct. Bonnet de Malherbe et f.	*Maison Trenca.*
Mme Reydort et famille.	*Villa Reydort.*
M. Lecomte Eugène et famille.	*Maison Gastaldi.*
M. Raunheim Émile et famille.	*Pension Camous.*
M. De Laurencel et famille.	*Villa d'Alberti.*
M. le bon. De La Prade et famille.	*Maison Gastaldi.*
M. Mauger et famille.	*Grand Hôtel d'Angleterre.*
M. Fouet et famille.	*Maison Gastaldi.*
M. Hervey.	*Maison Gastaldi*
M. Lacaud.	*Maison Gastaldi.*
M. Sigrist E.	*Pension Camous*
M. Oulmann et famille, banquier.	*Villa Boorn-Aba.*
M. Aubin et famille.	*Villa des Rosiers*
M. Deslandres et famille.	*Villa H. de Monléon.*
M. Borniche et famille.	*Hôtel de Turin.*
M. Chuet et famille.	*Grand Hôtel du Louvre.*
M. Chomet et famille.	*Maison Basté.*
Mme Bacquart.	*Maison Lorenzi.*
Mme veuve Toury.	*Maison Lorenzi.*
M. Arnaud.	*Pension Anglaise.*
M. Burel F.	*Grande Bretagne.*
Mlle Stricker.	*Hôtel Paradis.*
M. Brenner.	*Hôtel Paradis.*
M. Jomard Édouard.	*Hôtel de Turin.*
Mlle Schoen Julie et suite.	*Villa Helvetia.*
M. Germain et famille.	*Villa V. Amarante.*
Mme Gabriel.	*Maison Merero.*
Mme Clément et famille.	*Maison Palmaro.*
Mme Falsan Charreton.	*Maison Palmaro.*
Mme De Cotense et famille.	*Villa Palmaro.*
M. De Montbrun et famille.	*Villa La Coupe.*
M. Claye et famille.	*Villa St-Benoit.*
M. Casis.	*Hôtel de la Grande-Bretagne.*
M. Boucheton Ch. V.	*Hôtel de Londres.*
M. Boucher A.	*Hôtel de Londres.*
Mlle Montégut.	*Pension Anglaise.*
M. Pommier et famille.	*Villa Parodi.*
M. l'abbé Meynal, chapel. de Ste Geneviève de Paris.	*Maison Massa.*
M. Verdier et famille.	*Villa Joseph Amarante.*
M. De La Coste, ancien préfet, et fam.	*Villa l'Urbana.*

M. Larnac, anc. pair de France et fam. *Villa l'Urbana.*
M. et Mme De Villoquier (comte). *Grand hôtel d'Angleterre.*
M. Famin Ch. et famille. *Maison de Bréa.*
Mlle Steiner E. J. *Maison Raibaud.*
Mme Bary et son fils. *Maison Gastaldi.*
M. Bergis et sa mère. *Hôtel de Turin.*

HOLLANDAIS.

M. le major Mosselmanns et famille. *Hôtel Paradis.*
M. Sanduson. *Pension Anglaise.*
M. Sanderson. *Grand Hôtel du Louvre.*

ITALIENS.

M. Forniamenti et famille. *Restaurant Guiol.*
M. Scarpari En. *Maison Massa.*

POLONAIS.

M. Machiewich et famille. *Pavillon Henocq.*
M. Rucz et famille. *Iles Britanniques.*
M. Boerkousky et famille. *Iles Britanniques.*
M. Klug. *Maison Gastaldi.*
Mme la comtesse Czapska. *Maison Gastaldi.*

RUSSES.

M. Jourasoff Nicolas, peintre. *Maison Massa.*
M. Erassi Michel, peintre. *Hôtel de France.*
M. Preslawski Constantin. *Hôtel de France.*
M. Laverassi André. *Hôtel de France.*
M. Bronwer. *Pension Anglaise.*
M. De Marckus et famille. *Pension Anglaise.*
M. Migno. *Grand hôtel d'Angleterre.*
M. le baron Rapp et famille. *Hôtel Paradis.*
M. Boyeff Nicolas. *Maison Massa.*
M. Holmberg. *Villa Palmaro.*
M. Slavez OEncedruce et famille. *Hôtel de Turin.*
M. Nelidoff et famille, chambellan de
    l'Empereur de Russie. *Hôtel du Midi.*
M. Pagenkoff et famille. *Hôtel Victoria.*
M. Backmann. *Maison Massa.*

SUÉDOIS.

Mme Nesselius Sophie et famille.	*Pension Danoise.*
Mlle Tellin.	*Pension Danoise.*

SUISSES.

M. De Conlon, famille et suite.	*Villa Massa.*
Mlle Baumann.	*Pension Camous.*
M. Minder Zaeslin et famille.	*Pension Anglaise.*
Mlle Mittendorff.	*Pension Anglaise.*
M. Courvoisier et famille.	*Pension Anglaise.*
Mlle Hostache.	*Villa Helvetia.*
M. Buxtorf.	*Pension Anglaise.*
M. De Steiger et famille.	*Iles Britanniques.*
M. Monnard et famille.	*Maison Sigaud.*
Mme Monnard.	*Maison Sigaud.*
M. Mayor Auguste et famille.	*Villa Maraldi.*

VALAQUES.

M. Zisso et famille.	*Maison Gismondi.*

NICE, TYP. CANIS, IMPRIMEUR DE LA PRÉFECTURE. — 1863.